AF260206

DE LA LÉGITIMITÉ

MONARCHIQUE ET NATIONALE

DE LA REINE

ISABELLE D'ESPAGNE.

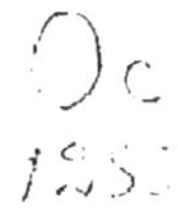

C.

DE LA LÉGITIMITÉ

MONARCHIQUE ET NATIONALE

DE LA REINE

ISABELLE D'ESPAGNE

PAR M. P. DE F.

ATTACHÉ AU MINISTÈRE DE L'INTÉRIEUR

« Puisque les lois fondamentales de notre royaume nous mettent dans l'heureuse impuissance d'aliéner le domaine de notre couronne, nous faisons gloire de reconnaître qu'il nous est encore moins libre de disposer de notre couronne même. »

Louis XV, *Édit de 1717 relatif aux princes légitimes.*

PARIS

IMPRIMERIE DE H. FOURNIER ET Ce
RUE SAINT-BENOÎT, 7

1845

DE LA LÉGITIMITÉ

MONARCHIQUE ET NATIONALE

DE LA REINE

ISABELLE D'ESPAGNE.

La légitimité de la dynastie régnante, en Espagne, n'est plus une question douteuse pour les publicistes éclairés et de bonne foi. Mais l'esprit de parti avait un tel intérêt à dénaturer les enseignements de l'histoire et les maximes du droit public; on a laissé s'accréditer, à ce sujet, tant d'erreurs et de mensonges, que cette vérité ne pénètre que lentement dans l'opinion. La proclamation récente de don Carlos tend encore à fausser sur ce point les idées en Europe. Personnellement, il renonce à la couronne qu'il a vainement poursuivie; mais c'est pour lé guer à l'Espagne, dans la personne de son fils, le prince des Asturies, un prétendant nouveau, et, peut-être, de nouvelles complications.

Nous n'avançons rien qui ne soit reconnu par tout le monde, en disant que don Carlos n'a trouvé des partisans qu'à la faveur de sa prétendue légitimité; comme nous ne craignons pas d'être contredit, en affirmant que l'Espagne ne cessera pas d'être agitée, et la liberté d'y être en péril, tant que les droits de sa jeune reine ne seront pas incontestés. Une dynastie, qui a des compétiteurs, est obligée, pour se maintenir, de faire à la liberté plus d'une brèche. C'est ainsi qu'en Angleterre les adhérents de Jacques II servaient de prétexte à Guillaume III, et d'excuse aux amis d'un repos longtemps troublé, pour les actes arbitraires qui signalèrent les premières années de son règne.

La légitimité de la reine Isabelle reste donc toujours la question la plus considérable de celles qui s'agitent en Espagne, soit que ce malheureux pays doive encore subir les calamités de la guerre civile, soit qu'il s'agisse simplement de la consolidation du régime constitutionnel. Telles sont les considérations qui nous déterminent à publier l'écrit qu'on va lire. Notre but est de prouver que les droits de la reine Isabelle à la couronne dérivent, tout à la fois, des principes de la souveraineté monarchique et de ceux de la souveraineté nationale ; et, par suite, qu'elle réunit, si nous pouvons ainsi parler, dans sa personne royale, une double légitimité.

Il y a partout une classe d'hommes qu'on ne parvient jamais à convaincre, parce qu'ils ont intérêt à ne pas être convaincus. Ce n'est point pour cette classe, turbulente et fanatique, que nous écrivons. Mais il en est une autre, et heureusement la plus nombreuse, qui ne veut qu'être éclairée, pour agir dans la sincérité et la loyauté de ses opinions. C'est à ces hommes de bonne foi que nous nous adressons. Ceux d'entre eux qui ne

demandent pour une dynastie que la consé-
cration du vœu national verront que la
dynastie d'Espagne y réunit encore l'autorité
que confèrent les lois fondamentales de la
monarchie ; tandis que les esprits plus ti-
morés, qui dénient aux nations le droit de
disposer des sceptres, seront tout étonnés
d'avoir favorisé l'usurpation en croyant dé-
fendre la légitimité. Nous nous estimerons
heureux si nous pouvons ainsi contribuer à
gagner quelques sympathies de plus pour
cette jeune royauté, dont l'affermissement
importe tant à la liberté et au repos de l'Espagne.

I.

L'antique constitution de l'Espagne a toujours appelé, en ligne directe et à défaut de mâles, les femmes à la couronne, à l'exclusion des collatéraux. Cet ordre de succession ne fut d'abord qu'une coutume ; mais plus tard des lois expresses la consacrèrent solennellement. Depuis l'origine de la monarchie jusqu'à nos jours, on voit cette loi fondamentale appliquée régulièrement de siècle en siècle, sans qu'il y ait jamais été apporté une seule dérogation.

Le premier exemple qu'en offre l'histoire remonte jusqu'à l'année 739. C'est l'avénement au trône d'Alonzo-le-Catholique, du chef de sa femme Ermesenda, fille de Pélage. Plus tard le même principe appelle au trône des Asturies Silo, du droit de sa femme Adosenda. En 1037, la ligne masculine de la dynastie du royaume de Léon s'éteint avec Bermudo III ; le trône, devenu vacant, est occupé par sa sœur doña Sancha. Don Alonzo VI, n'ayant pas d'enfants mâles, et se voyant près de mourir, réunit les états à Tolède, et, en présence du clergé et de la noblesse, fait proclamer reine sa fille doña Urraca. La fille aînée de don Alonzo VIII, roi de Castille, doña Berenguela est deux fois reconnue héritière de la couronne, la première, en 1170, par les cortès de Burgos, et la seconde, en 1188, par les cortès de Carrion. Doña Berenguela, fille de don Alonzo X, est proclamée héritière du trône par les cortès de Séville ; en 1255, les infants, frères du roi, assistent à ces cortès et y prêtent serment d'obéissance et de fidélité à leur nièce.

Jusqu'à cette époque, l'ordre de succession, que nous venons de montrer si souvent appliqué, n'était encore qu'une coutume. Alphonse-le-Sage en fit une loi écrite. La loi de Partidas veut que la succession au trône se perpétue en ligne directe, et que si le roi régnant n'a point d'enfant mâle, la fille aînée soit appelée à la couronne. L'histoire prouve encore que cette loi, confirmée en 1338 par la pragmatique sanction d'Alphonse II, n'a jamais cessé d'être observée aussi religieusement que l'avait été la coutume.

On voit, en effet, don Enrique III faire reconnaître comme son héritière, en 1402, par les cortès de Tolède, sa fille unique, l'infante doña Maria. En 1422, les cortès de Tolède proclament de même héritière l'infante doña Catalina, fille de don Juan II, dont la naissance, postérieure à la reconnaissance de doña Maria, l'avait exclue du trône. Les cortès d'Ocaña, en 1469, proclament encore comme héritière l'infante doña Isabelle, sœur de don Enrique IV. Tout le monde sait que les couronnes de Castille et d'Aragon se trouvèrent réunies par le mariage d'Isabelle avec le roi Ferdinand.

Les cortès furent appelées vers cette époque à confirmer la loi de succession d'une manière solennelle. Les rois catholiques voulurent faire reconnaître pour leur héritière, et avec le titre de princesse des Asturies, l'infante doña Isabelle, leur fille. Les lettres de convocation, dont l'original se trouve encore à la bibliothèque royale de Madrid, rappelaient la coutume immémoriale de la monarchie espagnole. « Vous savez, disaient-elles, qu'il est d'usage et coutume, dans nos royaumes, que les prélats, chevaliers, gentilshommes et députés de la nation, prêtent serment au fils aîné ou fille du roi et de la reine, comme à l'héritier de la couronne... » L'infante Isabelle fut, en effet, reconnue, en 1475, par les cortès de Madrigal. On avait prétendu que la réversibilité du trône devait être acquise au roi Ferdinand. Les cortès déclarèrent, en principe, que : « Par les lois de Castille et coutume immémoriale, les femmes avaient capacité pour hériter, et qu'elles avaient toujours succédé à la couronne, à défaut d'héritier mâle. » Après avoir cité des faits nombreux à l'appui de cette maxime, elles proclamèrent « que l'infante doña Isabelle était la vétable héritière du trône, et qu'à elle seule il appartenait de gouverner l'État. »

La naissance de l'infant don Juan vint l'exclure de la couronne. Mais ce prince étant mort avant d'avoir régné, l'infante Isabelle fut de nouveau reconnue héritière, en 1498, par les cortès de Tolède.

Personne n'ignore que c'est ce droit des femmes, droit transmis à doña Juana-la-Folle, mariée à l'archiduc Philippe d'Autriche, qui fit monter Charles-Quint sur le trône d'Espagne. La maison d'Autriche régna jusqu'à son extinction par la mort de Charles II, sans interruption dans la ligne masculine. L'avénement de la maison de Bourbon eut pour origine le même principe. C'est en invoquant les droits de l'infante doña Maria-Téresa, sa femme, que Louis XIV parvint à placer la couronne d'Espagne sur le front de son petit-fils.

Telle fut donc, jusqu'au règne de Philippe V, la loi fondamentale de la monarchie espagnole. Dans cette période, qui embrasse près de dix siècles, elle n'a jamais cessé d'être mise en pratique. Les femmes, à toutes les époques, ont été proclamées héritières, ont monté sur le trône, sans que leur droit ait jamais paru douteux ni suscité aucune réclamation. Toutes les grandes nations de l'Europe ne sont arrivées à l'unité qu'au prix de guerres sans nombre. C'est au contraire, en grande partie, par son ordre de succession, que l'Espagne a constitué la sienne. Les plus beaux joyaux de la maison de Navarre, tels que les royaumes de Castille, de Léon, de la Galice, de l'Aragon, de Valence, de la Catalogne, lui ont été apportés par les femmes. Cette antique loi de la monarchie a-t-elle été régulièrement abrogée pour faire place à un droit nouveau? C'est ce qu'il s'agit maintenant d'examiner.

Les partisans de don Carlos prétendent

qu'à l'avènement de Philippe V, la loi salique a été régulièrement introduite dans la
constitution de l'Espagne par la pramatique
de 1713, et ils affirment que cette pragmatique est devenue aun loi de l'État par sa
promulgation et sa sanction par les cortès.
Ils ajoutent que le traité de Vienne, du 30
avril 1725, l'a fait entrer dans le droit européen. Tel est le fondement sur lequel re-
pose la prétendue légitimité de don Carlos.
Nous soutenons, nous, que la pragmatique
de 1713 a toujours été radicalement nulle,
comme faite sans droit, contrairement à la foi
jurée, et en violation des lois fondamentales
de l'État; qu'elle n'a été ni approuvée, ni
sanctionnée par les cortès; qu'elle n'a été
appliquée à aucune époque, et qu'en la supposant même régulière et légale, elle serait
abrogée par des lois postérieures, réunissant
tous les caractères voulus par la constitution.

Lorsque Philippe V monta sur le trône,
il jura, comme tous les rois d'Espagne, de
conserver le patrimoine royal, et d'observer

les lois de Partidas et les autres lois du royaume. Il jurait par conséquent de maintenir celle qui appelait les femmes à la couronne, et en vertu de laquelle lui-même devenait roi de l'Espagne. Mais à peine le traité d'Utrecht l'eut-il affermi sur le trône, qu'il entreprit de changer l'ordre de succession. Pour rester fidèle à ses serments et à la constitution, il devait soumettre cette grave mesure aux cortès générales du royaume. Mais il en craignait un refus, et l'on se borna à consulter le conseil de Castille. De grands débats s'élevèrent dans le sein de cette cour. Le président Ronquillo fit notamment la plus vive opposition. Philippe V s'en vengea en l'exilant. Cependant ces mesures violentes ne parvinrent pas à vaincre la résistance du conseil. La majorité refusa obstinément de donner son adhésion au projet. Le conseil se borna à déclarer que « pour la légalité et la valeur, ainsi que pour l'acceptation générale, il fallait que le royaume, convoqué en cortès générales,

concourût à l'établissement de la loi. » L'opposition du conseil indiquait assez quelle
serait la réponse des cortès. On se garda
donc de les convoquer. On en usa de même
envers les prélats du royaume. Mais il y
avait à Madrid d'anciens députés, dont les
votes étaient acquis à la cour ; on leur en-
voya des pouvoirs, et le roi se fit adresser
une pétition à laquelle il répondit dans les
termes suivants, le 10 mai 1713 :

« Je veux et j'ordonne que la succession
« procède dorénavant suivant la forme ex-
« primée dans la loi nouvelle, et que ladite
« loi soit considérée comme loi fondamen-
« tale de ces royaumes et de toutes leurs dé-
« pendances présentes et à venir, *nonobstant*
« *la loi de Partidas et toutes les lois, statuts,*
« *coutumes, usages, capitulations et autres,*
« *et toutes dispositions des rois mes prédé-*
« *cesseurs*, y dérogeant et les annulant en
« tout ce qui serait contraire à la présente
« loi, et les laissant pour tout le reste dans

2

« leur force et vigueur, PARCE QUE TELLE EST
« MA VOLONTÉ. »

Maintenant Philippe V pouvait-il, par un simple décret, abroger la loi de Partidas, lorsqu'il avait fallu que l'acte de renonciation de la reine Anne fût inséré dans les lois de Castille pour être valable? Philippe V avait-il le droit, par le fait de sa volonté seule, de changer les lois antiques de la monarchie, lois en vertu desquelles lui-même était monté sur le trône d'Espagne? Peut-on considérer comme régulier et légal un tel décret, promulgué contre l'avis du conseil de Castille, et sans avoir été soumis aux Cortès générales du royaume? Poser de pareilles questions, c'est les résoudre. Le serment exigé des rois d'Espagne montre assez qu'on ne leur reconnaissait pas la faculté de déroger de leur autorité privée aux lois fondamentales de l'État.

Telles étaient les maximes que proclamèrent les Cortès générales de 1789, dans la

pétition qui fut adressée par elles au roi
Charles IV, pour solliciter l'abrogation de
la pragmatique de Philippe V : « Quoiqu'il
« ait été question, disaient-elles, d'altérer
« en 1713 cette coutume régulière par des
« motifs tenant à des circonstances de cette
« époque, et qui n'existent plus, on ne peut
« regarder la révolution d'alors comme loi
« fondamentale, parce qu'elle est contraire
« à celle qui existait et qui avait été jurée,
« et parce que le royaume n'avait été ni
« consulté, ni n'avait eu à s'occuper d'une
« altération aussi notable dans la succession
« de la couronne. »

Ajoutons que cet auto accordado n'a jamais été appliqué une fois. La couronne
s'est transmise de mâle en mâle, sans interruption, depuis Philippe V jusqu'à Ferdinand VII. L'argument tiré du traité de
Vienne ne supporte pas l'examen. Tout le
monde sait que le traité de Vienne, de 1725,
ne fut qu'un traité particulier entre l'empereur et le roi d'Espagne ; qu'il fut conclu

après la dissolution du traité de Cambrai;
qu'il eut pour résultat de jeter de nouveau
la division en Europe; que la France et
l'Angleterre y opposèrent le contre-traité de
Hanovre; et que, si le traité de Vienne de
1731, négocié cette fois par les grandes puis-
sances de l'Europe, reconnut un change-
ment dans l'ordre successif à la couronne,
ce fut seulement celui qu'établissait la pragmatique de l'empereur Charles VI, appelant
sur le trône d'Autriche Marie-Thérèse, sa
fille aînée, c'est-à-dire la mesure inverse de
celle qu'avait décrétée Philippe V. Nous
montrerons au surplus que, si l'on veut donner aux conventions diplomatiques une telle
puissance, l'auto accordado de Philippe V
est depuis longtemps sans valeur. En effet,
la constitution de 1812, qui replaçait l'ordre
successif à la couronne d'Espagne sous l'empire des anciennes lois de la monarchie, a
été reconnue dans deux traités négociés avec
la Russie en 1813 et 1814, et dans le traité
de Bâle de l'année 1820.

Nous faisons maintenant un pas de plus, et nous disons qu'en supposant même que Philippe V eût droit d'altérer l'antique constitution de l'Espagne, la pragmatique de 1713 serait aujourd'hui comme non avenue, parce qu'elle a été abrogée d'une manière régulière, et en tout cas par une autorité équivalente à celle qui l'avait décrétée. Rien n'est plus facile à démontrer.

On croit assez généralement en France que l'abolition de la pragmatique de Philippe V a été déterminée par la naissance de la reine Isabelle, et qu'elle est l'œuvre du roi Ferdinand VII. C'est une erreur dans laquelle il importe de ne pas tomber. Voici dans quelles circonstances et dans quelles formes eut lieu ce retour aux lois et aux coutumes immémoriales de l'Espagne.

Les Cortès générales du royaume furent convoquées en 1789 par un décret du roi Charles IV, alors régnant. Elles étaient appelées à reconnaître comme héritier du trône le prince des Asturies, depuis Ferdi-

nand VII, et à lui prêter serment de fidélité. Le jour même de la prestation de ce serment, le 23 septembre 1789, les Cortès votèrent une pétition au roi, dans laquelle on le suppliait de rétablir l'ancien ordre de succession à la couronne. Cette pétition était ainsi conçue : « Sire, la loi 11, tit. xv, par-
« tida 2, déclare ce qui a été observé de
« temps immémorial, et ce qu'on doit obser-
« ver dans la succession du royaume. L'ex-
« périence a démontré la grande utilité qui en
« est résultée, puisque cet ordre de succes-
« sibilité a amené la réunion de Castille, de
« Léon et de la couronne d'Aragon. L'ordre
« contraire a toujours produit des guerres
« et été la cause de grandes perturbations.
« Par toutes ces considérations, les Cortès
« supplient Votre Majesté d'ordonner, mal-
« gré l'innovation faite par l'auto accordado
« 5, tit. vii, liv. v, qu'on observe et qu'on
« garde à perpétuité, dans la succession de
« la monarchie, la coutume immémoriale
« consignée dans ladite loi 11, tit. xv, par-

« tida 2, comme elle a été de tout temps ob-
« servée et gardée , et comme elle fut jurée
« par les rois, vos prédécesseurs ; elles sup-
« plient Votre Majesté d'ordonner qu'elle
« soit publiée comme loi et pragmatique
« faite et formée en Cortès , afin que cette
« résolution soit constatée , ainsi que la dé-
« rogation audit auto accordado. »

Il est bon de remarquer qu'au moment
où les Cortès votaient cette pétition , aucun
intérêt du temps ne passionnait les esprits.
L'Espagne était en pleine paix, et aucun
trouble ne menaçait l'ordre de succession à
la couronne , puisque le prince des Asturies venait d'en être proclamé l'héritier et
de recevoir en cette qualité l'hommage et le
serment des Cortès. Ce vœu des députés de
l'Espagne ne suffit pas à l'âme pieuse de
Charles IV. Il voulut encore y joindre l'avis
des archevêques et des évêques. Le comte
de Florida Blanca, son premier ministre ,
leur remit en conséquence la pétition des

Cortès en les chargeant de l'examiner et d'émettre librement leur opinion.

Ces prélats, au nombre de quatorze, répondirent, le 7 octobre suivant, par une adresse au roi, qui est un modèle de raison, de convenance et de gravité. « Sire, disaient-« ils, l'archevêque de Tolède et les autres « prélats du royaume, convoqués par votre « ordre pour prêter serment à Son Altesse « l'infant don Fernando, prince des Astu-« ries, ont vu, bien médité et examiné « entre eux la pétition qui a été adressée à « Votre Majesté par tous les députés du « royaume réunis en cortès... Après la plus « sérieuse méditation, comme les plus inté-« ressés au bonheur du royaume, et comme « représentants du clergé, *nous sommes de* « *l'avis unanime et de la ferme opinion* « *que Votre Majesté peut et doit en con-* « *science et en justice accéder à la demande* « *des Cortès.* Votre Majesté le peut, parce « qu'on ne saurait mettre en doute son

« autorité législative, souveraine, surtout
« quand elle se fonde et s'appuie sur la pro-
« position faite par tous les députés du
« royaume, présidés par le gouverneur du
« conseil de Castille, avec les délégués
« de Votre Majesté assistant aux Cortès.
« Votre Majesté doit accéder en conscience
« et en justice ; car les motifs présentés par
« les Cortès sont puissants et convaincants. »

Les prélats, après avoir exposé de nom-
breuses considérations à l'appui de cette
double proposition, terminaient ainsi :

« L'auto accordado 5, tit. VII, liv. V, ne
« change absolument rien à cet ordre de
« choses ; car, quoique nous, prélats du
« royaume, nous nous soyons bien enquis,
« et nous soyons bien sûrs qu'on ne de-
« manda pas, sur cette altération si impor-
« tante, l'avis de nos prédécesseurs, et que
« ledit auto accordado fut seulement publié
« dans les Cortès, sans avoir été dûment
« examiné, comme le cas le requérait ; néan-
« moins nous poserons à Votre Majesté l'évi-

« dente démonstration qui suit : ou Phi-
« lippe V eut le pouvoir, avec les Cortès et
« sans les prélats, d'altérer la coutume im-
« mémoriale dans l'ordre de successibilité,
« si solidement fondée dans la loi de Parti-
« das, ou bien il n'avait pas le droit de le
« faire Si Philippe V a eu le pouvoir de dé-
« truire tout le droit ancien et même l'ordre
« régulier de la nature, Votre Majesté peut
« à bien plus forte raison, avec les Cortès et
« les prélats, rétablir les choses et l'ordre
« de successibilité dans leur état primitif,
« naturel, civil et régulier, forme ancienne
« et coutume immémoriale. Si Philippe V
« n'avait pas le droit de faire ce qu'il a fait,
« Votre Majesté doit en conscience et en
« justice accéder à la demande des Cortès
« du royaume. »

Cet avis ne permettait plus aucune hési-
tation ; et, dans la séance du 3o octobre, le
décret royal qui suit fut annexé, et promulgué dans le sein des Cortès : « J'ai pris la
« résolution conforme à la demande ci-jointe,

« et je recommande qu'il soit gardé provi-
« soirement le plus grand secret ; car il con-
« vient ainsi à mon service. » Conformément
aux désirs du roi, tous les députés promi-
rent ce secret, sous la foi du serment. La
situation dans laquelle se trouvait alors l'Europe explique assez le motif de cette dernière
mesure.

Les rapports de l'Espagne avec la France
devinrent tels que le roi Charles IV ne crut
pas devoir rendre publique la loi de 1789.
Cette publication eut lieu en vertu d'une
pragmatique de Ferdinand VII, portant la
date du 29 mars 1830, et par conséquent
antérieure de six mois à la naissance de la
reine Isabelle. Elle abolissait de nouveau
l'auto accordado de 1713, confirmait la loi
de 1789, et rétablissait l'ancien ordre de
succession à la couronne. Aucune des puis-
sances ne réclama, preuve manifeste que
l'auto accordado de Philippe V n'était point
entré, comme on l'a prétendu, dans le droit

public européen. Voici quelle était la teneur
de cette pragmatique-sanction :

« Mon auguste père, ayant reçu la pétition
« (des Cortès de 1789), prit le parti que de-
« mandait le bien du royaume, en répon-
« dant au rapport dont la junte des assistants
« de cour, gouverneur, et ministre de ma
« royale chambre de Castille avait accompa-
« gné la pétition des Cortès, qu'il avait pris
« une résolution conforme à ladite suppli-
« que; mais il leur recommanda de garder
« pour le moment le plus grand secret, parce
« qu'il le jugeait utile à son service; et dans
« le décret dont il est question, il ordonna
« à son conseil d'expédier la pragmatique-
« sanction d'usage en pareil cas. Ayant égard
« à cette circonstance, les Cortès envoyèrent
« à la voie réservée copie certifiée de ladite
« supplique, et de tout ce qui s'y rappor-
« tait, et l'on publia le tout dans l'assemblée
« avec la réserve conditionnelle.

« Les troubles qui agitèrent alors l'Europe

« et ceux que la Péninsule éprouva depuis ,
« ne permirent pas l'exécution de ces impor-
« tants desseins, qui demandaient des jours
« tranquilles..... Par mon royal décret, du 26
« de ce mois, j'ai ordonné qu'on publiât im-
« médiatement la susdite loi et pragmatique
« en la forme voulue.

« L'ayant publiée dans mon conseil géné-
« ral, avec l'assistance de mes deux fiscaux,
« on y résolut de lui donner le complément,
« en l'expédiant avec force de loi et prag-
« matique-sanction, comme faite et promul-
« guée en assemblée de Cortès. *En consé-*
« *quence, j'ordonne qu'on observe, garde et*
« *accomplisse à perpétuité le contenu litté-*
« *ral de la loi 2, tit. 15, part. 2, conformé-*
« *ment à la pétition des Cortès assemblées*
« *dans mon palais de Buen – Retiro, en*
« *1789.* »

D'odieuses intrigues arrachèrent en 1832
la révocation de cette pragmatique au roi
Ferdinand. La déclaration solennelle qu'il
fit quelque temps après a retenti dans toute

l'Europe. « Mon âme royale , disait-il, sur-
« prise dans les moments d'agonie où me
« conduisit la maladie grave dont la miséri-
« corde divine m'a miraculeusement sauvé ,
« je signai un décret dérogeant à la pragma-
« tique-sanction du 29 mars 1830 , décrétée
« par mon auguste père à la suite de la péti-
« tion des Cortès de 1789. Le trouble et
« l'angoisse d'un pareil état, où par moment
« la vie paraissait m'échapper, indique-
« raient assez l'impossibilité dans laquelle je
« me suis trouvé de juger un acte semblable,
« si sa nature même et ses effets ne suffi-
« saient pas pour le prouver... Des hommes
« déloyaux ou trompés assiégèrent mon che-
« vet, et abusant de l'amour que ma chère
« épouse et moi nous portons aux Espagnols,
« augmentèrent son affliction et l'amertume
« de ma situation, en affirmant que le
« royaume entier repoussait la pragmatique,
« et en nous montrant la désolation univer-
« selles et les torrents de sang dont notre re-
« fus de l'annuler serait la cause. Cette

« atroce prédiction, faite alors que je n'a-
« vais ni le temps ni la possibilité de véri-
« fier la vérité, consterna mon âme abattue
« et dissipa ce qui me restait d'intelligence...

« Mais aujourd'hui, persuadé qu'on a ca-
« lomnié mes Espagnols bien-aimés ; con-
« vaincu en outre qu'il n'était pas en mon
« pouvoir et que je n'avais pas la volonté de
« déroger à la coutume immémoriale de la
« succession, établie depuis des siècles, sanc-
« tionnée par la loi, réalisée dans la personne
« des héroïnes illustres qui m'ont précédé
« sur le trône, et dont le maintien a été
« unanimement demandé par les états du
« royaume ; libre moi-même de l'influence
« et de la contrainte que l'on a exercée sur
« ma personne, dans une funeste circon-
« stance, je déclare solennellement, de mon
« plein vouloir et de mon propre mouve-
« ment, que le décret, signé au milieu des
« angoisses de ma maladie, m'a été arraché
« par surprise, et à la suite des fausses ter-

« reurs dont on m'environna ; qu'il est nul,
« sans aucune valeur, contraire aux lois fon-
« damentales de la monarchie, et à mes de-
« voirs de roi et de père envers mon auguste
« descendance. »

Pour obéir à la coutume immémoriale de
l'Espagne, et pour donner en même temps
une sanction plus éclatante encore aux lois
qui avaient rétabli l'ancien ordre de succession, le roi Ferdinand appela les Cortès à
reconnaître sa fille Isabelle comme héritière,
et à prêter entre ses mains serment de fidélité. Cette solennité eut lieu avec le céré-
monial accoutumé, le 22 juin 1833. Tout le
corps diplomatique y assista, moins l'envoyé
de Naples, qui crut devoir protester au nom
de son gouvernement.

La démonstration est maintenant com-
plète. Depuis l'origine de la monarchie, les
femmes ont capacité pour hériter de la couronne, d'abord en vertu de la coutume, puis
en vertu de la loi formelle promulguée par

Alphonse-le-Sage. Philippe V , appelé au trône par cette même loi, croit pouvoir y déroger, en 1713, et établir un autre ordre de succession. Nous avons prouvé que cet *auto accordado* était illégal et entièrement nul. Veut-on au surplus qu'il ait été valide , nous y consentons par hypothèse, et nous disons : Le roi Charles IV et le roi Ferdinand VII n'avaient pas une autorité moindre que celle de Philippe V, et ils ont pu par conséquent abroger la pragmatique de 1713, de la même manière que Philippe V eut le droit d'abroger la loi de Partidas. Veut-on encore que toutes ces pragmatiques soient considérées comme non avenues , nous nous retrouvons alors sous l'empire des lois anciennes et de la coutume immémoriale de l'Espagne. La reine Isabelle , actuellement régnante, est donc légitime, *d'après le droit monarchique*, à quelque point de vue, et sur quelque terrain qu'on place la question.

Nous allons maintenant plus loin, et nous disons que sa légitimité n'est pas moins incontestable, d'après les principes de la souveraineté nationale.

II.

C'est une maxime admise par tous les publicistes que, lorsqu'il s'élève des dissentiments sur la succession à la souveraineté, le jugement de ces contestations appartient à la nation. « Aussitôt, dit Vattel, que le « droit de succession se trouve incertain, « l'autorité souveraine retourne pour un « temps au corps de l'État, qui doit l'exer— « cer de lui-même, ou par ses représentants, « jusqu'à ce que le véritable souverain soit « reconnu (1). »

Ce fut par les États du royaume de France que se termina, après la mort de Charles-le-Bel, la fameuse contestation entre Philippe-de-Valois et le roi d'Angleterre. Les États d'Aragon furent, en vertu du même principe,

(1) *Droit des gens*, liv. I, ch. V, § 66.

appelés à prononcer entre Martin , roi d'Aragon, et le roi Ferdinand, aïeul de Ferdinand, mari d'Isabelle, reine de Castille. Les Cortès de Madrigal, en 1475, se trouvèrent investies du même pouvoir.

Nous soutenons maintenant que la nation espagnole, par ses représentants et ses organes légaux , s'est prononcée , à toutes les époques, pour le principe en vertu duquel la reine Isabelle II règne en Espagne. Rien n'est plus facile à démontrer.

Le premier monument de la volonté nationale qu'offre l'histoire, depuis Philippe V, c'est la pétition des Cortès , en 1789. Nous nous bornons à la rappeler, à raison des détails dans lesquels nous sommes précédemment entré.

Le second monument de cette même volonté se trouve dans la constitution de 1812. Lors de cette constitution, comme en 1789, aucun intérêt du moment ne passionnait les esprits. Les deux fils de Charles IV étaient alors prisonniers à Valençai : l'un n'ayant

pas été marié encore, l'autre veuf et sans
enfants. La question de succession à la couronne se trouvait donc à l'état de pure théo-
rie. Comment fut-elle résolue par les Cortès? Elle le fut comme elle l'avait été depuis
l'origine de la monarchie espagnole. On pro-
clama en principe le droit des femmes,
ainsi que le prouve le texte de la constitution.

« Art. 174. Le royaume d'Espagne est in-
« divisible et la succession au trône suivra
« à perpétuité, par ordre de primogéniture
« et de degrés, entre les descendants légitimes
« *des deux sexes*, des lignes qui seront indi-
« quées.

« Art. 156. Au même degré et dans la même
« ligne, les enfants mâles seront préférés, et
« toujours l'aîné au plus jeune; mais *les filles*
« *d'une meilleure ligne et à un degré plus*
« *proche seront préférées aux enfants mâles*
« *d'une ligne ou d'un degré plus éloigné.*

« Art. 180. A la mort de Ferdinand VII

« de Bourbon, les descendants légitimes de
« l'un et de *l'autre sexe* lui succéderont;
« après eux, les frères et les *sœurs* du roi,
« oncles, tantes, et leurs descendants légi-
« times des *deux sexes.* »

Faisons remarquer premièrement que cette constitution, deux fois abrogée et deux fois promulguée, n'a jamais donné lieu à aucune réclamation de la part de spuissances européennes au sujet de l'hérédité à la couronne; deuxièmement, qu'elle a été reconnue dans trois traités, dont deux avec la Russie, en 1813 et en 1814, et dans le traité de Bâle de 1820; troisièmement, que *don Carlos, non-seulement n'a jamais protesté contre cette constitution, mais qu'il en a* JURE LE MAINTIEN EN 1820.

Depuis le débat qui s'est engagé à la mort de Ferdinand VII, la nation espagnole a manifesté une troisième fois et une quatrième fois, et non moins solennellement, sa volonté dans la constitution de 1837 (articles

50-55) et dans la nouvelle constitution proclamée le 23 mars 1845 et dont le titre VII est ainsi conçu :

« Titre VII. *De la succession à la couronne.* — Art. 49. La reine *légitime* des Espagnes est doña Isabelle II de Bourbon.

« Art 50. La succession au trône des Espagnes aura lieu d'après l'ordre régulier « de primogéniture et de représentation, en « préférant toujours la première ligne aux « lignes suivantes ; dans la même ligne, le « degré le plus proche au plus éloigné ; dans « le même degré, l'homme à la femme, et « dans le même sexe, la personne la plus « âgée à la plus jeune.

« Art. 51. En cas d'extinction des lignes « des descendants légitimes de doña Isa- « belle II de Bourbon, succéderont au trône, « dans l'ordre qui vient d'être établi, sa « sœur, et les oncles et tantes, frères et « sœurs de son père, et leurs légitimes des- « cendants, s'ils n'ont pas encouru l'exclu- « sion. »

Qui pourrait maintenant douter du vœu de l'Espagne? Nous croyons avoir surabondamment prouvé la double thèse que nous nous étions proposé d'établir. Nous avons, en effet, démontré que la constitution de l'Espagne a toujours reconnu aux femmes le droit de succéder à la couronne. Ce droit n'est d'abord qu'une coutume, observée de siècle en siècle, depuis l'année 739 jusqu'à Alphonse-le-Sage. Ce prince en fait une loi écrite qu'on observe avec la même religion. C'est en vertu de cette loi fondamentale que la couronne d'Espagne passe à la maison d'Autriche, et plus tard à la maison de Bourbon.

Le roi Philippe V essaie d'y substituer la loi salique. Mais l'Espagne repousse cette innovation, on craint le refus des Cortès; et Philippe V, de son autorité privée, sans consulter le clergé ni les Cortès, malgré l'opposition du conseil de Castille, au mépris de ses serments, décrète un nouvel ordre de succession.

En 1789, le roi Charles IV est sollicité par les Cortès d'abroger la pragmatique de Philippe V. On soumet la question aux prélats du royaume, et ils déclarent dans une délibération solennelle que non-seulement le roi peut accéder à ce vœu des Cortès, mais qu'il le doit en conscience. L'abrogation de la pragmatique est prononcée dans une loi qu'on promulgue dans le sein des Cortès. Les événements ne permettent pas au roi Charles IV de la publier, mais, en 1830, cette publication a lieu par une pragmatique de Ferdinand VII.

D'un autre côté, la nation proclame le même principe dans quatre circonstances : dans les cortès de 1789, dans la constitution de 1812, dans la constitution de 1837, et enfin dans la constitution du 23 mai 1845.

Nous avions donc raison de dire que la reine Isabelle est, en quelque sorte, doublement légitime, puisqu'elle a tout à la fois la légitimité que donne le droit monar-

chique et la légitimité que confère le vœu
de la nation.

On peut comprendre maintenant pourquoi l'Espagne a lutté avec tant de courage
contre Don Carlos. Ce n'était pas seulement
le représentant d'un parti hostile à la liberté
qu'elle combattait en sa personne, c'était
encore l'homme qui s'insurgeait contre ses
lois, contre la constitution dont il avait juré
le maintien en 1820; c'était l'ambitieux,
l'usurpateur, qui tentait de conquérir une
couronne par la violence et la guerre civile.
On peut comprendre encore pourquoi le
projet de mariage entre la reine Isabelle et
le prince des Asturies, dont l'opinion se pré-
occupe, trouve si peu de sympathies de
l'autre côté des Pyrénées. Nous ne savons
rien qui nous porte à attribuer au nouveau
prétendant la pensée de recommencer la
guerre impie dans laquelle Don Carlos a
succombé. Mais, si de coupables conseillers
l'entraînaient jamais dans cette criminelle

entreprise , nous espérons que les cabinets de l'Europe, aujourd'hui mieux éclairée, ne lui prêteraient aucun appui. En le favorisant , ce serait en effet l'usurpation qu'ils favoriseraient. Ajoutons que cet appui ne pourrait servir qu'à prolonger un peu plus de temps une lutte inutile et sanglante ; car l'Espagne repousse avec la même énergie le despotisme et l'usurpation.

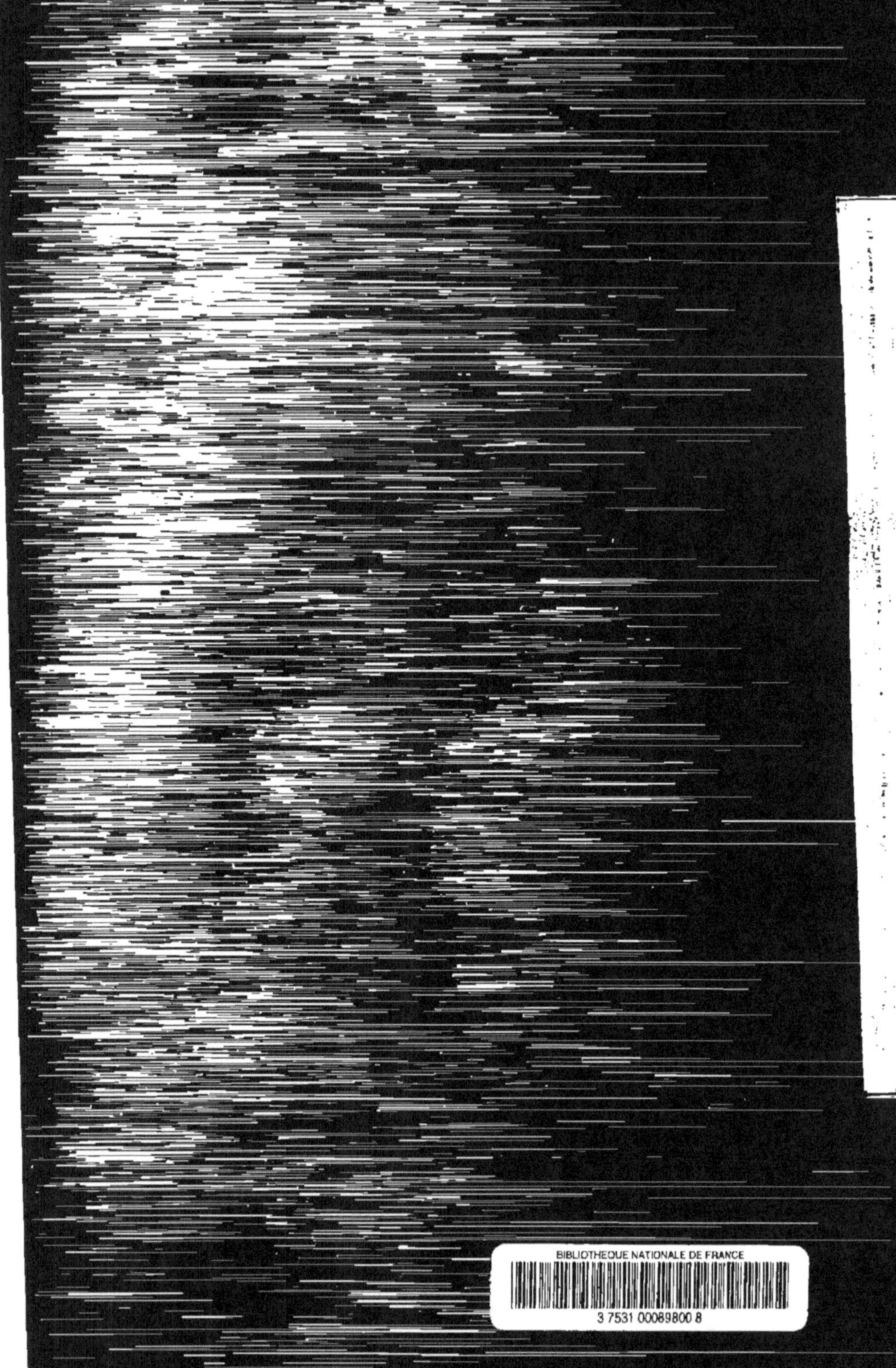